LE PACTE

ENTRE

NAPOLÉON ET BISMARK

PAR

Théodore GŒTZ.

GENÈVE

A. RICHARD, LIBRAIRE-ÉDITEUR

56, Rue du Rhône.

—

MARS 1871

Le Pacte entre Napoléon et Bismark

I

Il existe assurément, dans la Vérité, un baume bienfaisant pour les douleurs passées et un remède contre les douleurs à venir. C'est cette conviction intime qui explique qu'au milieu des angoisses causées par les maux s'abattant sur la France, on se trouve appelé à scruter les causes et le but des terribles évènements qui se déroulent devant nous.

Pour guide infaillible, il y a l'étude du passé, la connaissance des principes représentés par les peuples eu lutte, ainsi que de leur caractère, de leur tendance et de leur force.

Connaître le passé, c'est savoir juger le présent et comprendre l'avenir.

Obéissant à cette maxime, nous donnerons l'analyse de la convention faite entre Napoléon et Bismark, lors de leurs conciliabules à Biarritz et à Plombières.

Afin de se rendre compte des raisons qui mirent alors en présence les deux hommes et qui amenèrent leur entente, il est nécessaire de remonter à l'œuvre de l'unification de l'Italie, cette œuvre ayant été d'une importance capitale sur les évènements qui durent se passer au sein de l'Allemagne.

Au moment où Cavour s'abouchait avec Louis Napoléon pour combiner la campagne de 1859, l'Italie, dix ans après l'écrasement de sa révolution, fut de nouveau agitée par son besoin d'unité nationale et par sa haine de la domination étrangère. Deux partis y étaient en présence pour se mettre à la tête du mouvement rendu inévitable : le parti républicain et révolutionnaire, ayant pour chef Mazzini et le parti piémontais qui voulait faire du Piémont, devenu fort et prospère sous un régime constitutionnel, le porte-drapeau du soulèvement national.

Cavour, l'âme de ce dernier parti, était bien sûr de l'emporter sur ses concurrents républicains, s'il réussissait à apporter à son pays l'appoint de l'alliance française. Cette alliance lui était facile à réaliser, il n'avait qu'à effrayer le chef du gouvernement français avec le spectre de la Révolution, et à lui laisser entrevoir, qu'en abandonnant le Piémont, il laissait un libre cours à l'élément révolutionnaire.

Nous avons déjà dit, que le mouvement unitaire de l'Italie fut d'une influence capitale sur le sort de l'Allemagne et voici comment :

Les idées de liberté et de *self gouvernement*, qui furent vaincues et complétement étouffées en Allemagne par la réaction, après 1848, se trouvèrent remplacées par un violent désir d'unité. Les gouvernements et les partis réactionnaires de toute dénomination encouragèrent ce mouvement des esprits, car c'était là le dérivatif le plus puissant contre les aspirations libérales. Cette tendance était bien faite pour soulever dans le peuple des antipathies contre l'étranger, qu'on lui représentait comme l'ennemi de l'unité allemande. Une marche révolutionnaire, au contraire, aurait pu amener un rapprochement avec les voisins, ce que les hoberaux au pouvoir et les partis, qui faisaient leur jeu sous le masque du libéralisme, redoutaient avant tout.

L'action incisive, énergique et violente de la Prusse en 1848 avait montré à tous les réactionnaires que là était le véritable pouvoir, capable de mâter la Révolution. Son union étroite avec la Russie leur offrait encore une garantie de plus. L'Autriche, dans sa décrépitude, avait cessé, depuis longtemps, de faire la joie des réactionnaires de la plus belle eau. Cela n'empêcha pas que, pendant la lutte de cette dernière avec la France, l'on n'ait pas tari d'invectives contre celle-ci. Le Pô et l'Adige furent déclarés des garanties de la sûreté germanique et la Lombardo-Vénitie déclarée terre allemande au même titre qu'aujourd'hui l'Alsace et Lorraine.

L'Autriche, une fois battue, on changea de manière. L'appel fait à la Prusse de se mettre à la tête du mouvement unitaire et de se fortifier autant que possible pour rendre sa tâche plus facile, devenait pressant. Les indices devenaient même assez perceptibles, pour qu'à défaut d'une action prussienne, le peuple, par sa propre initiative, saurait organiser un nouvel Etat politique en Allemagne.

La « mission » de la Prusse devenait mûre.
Elle possédait un homme qui osa la réaliser.
Cet homme était Bismark !
La marche des évènements était toute tracée.
Agrandir la Prusse, anéantir ce qui restait d'iudépendance et d'esprit de liberté en Allemagne, éliminer de l'Allemagne l'Autriche, la rivale gênante. Voici la première étape. La seconde fut de reprendre, avec des forces nouvelles l'œuvre avortée de 1791 et de 1815, celle d'anéantir en France la puissance révolutionnaire, dont la propagande menaçait continuellement l'Etat téodal en Allemagne.

La Prusse, trop faible en 1791 pour pouvoir dicter ses lois à Paris et à la France, entravée dans son action en 1815 par ses propres alliés, devait maintenant, avec des forces décuplées et délivrée de tout contrôle, réaliser définitivement son but.

Son but, c'était le démembrement de la France et la destruction de Paris, projetée déjà en 1815 par Blucher et empêchée par les efforts énergiques d'Alexandre de Russie et de Wellington.

II

Bismark, avant de commencer la campagne de 1866, jugea utile de s'assurer de la neutralité amicale de la France sinon de son aide.

Les relations entre l'empereur et la Prusse avaient toujours été des plus intimes et devaient l'être surtout depuis l'avénement du roi actuel. Quel être pourrait avoir plus d'affinités avec l'homme de Cayenne que l'homme de Rastatt.

La première occasion fournie à Napoléon de montrer ostensiblement ses dispositions bienveillantes à l'égard de la Prusse fut le traité de 1856 conclu après la guerre de Russie.

Pendant cette guerre, la Prusse eut beau montrer ses chaudes sympathies pour la Russie et entraver les succès des Occidentaux, l'empereur des Français n'en eut aucun ressentiment. Loin de là, il facilita même l'admission de la Prusse au congrès, admission que cette puissance désirait si ardemment.

Plus tard, pendant la guerre d'Italie, la Prusse avait beau se ranger sous la bannière de la réaction allemande qui déclarait la possession du Po une « garantie ; » elle pouvait faire des menaces à la France et, en massant des troupes sur les frontières de la Lorraine, forcer l'empereur de rester en plan avec sa devise : *Libre jusqu'à l'Adriatique.* Là encore Napoléon bien que victorieux, ne songea pas à demander la plus légère des satisfactions.

De pareils antécédents étaient donc bien faits pour soli-

difier la confiance de Bismark dans la réussite de sa dé-
marche, et il pouvait compter d'atteindre son but tout comme
Cavour. A l'égal de ce dernier, il n'était nullement obligé
d'user de stratagème. Il pouvait aborder l'empereur avec
une entière franchise. Il pouvait lui tenir, il lui tenait le
langage suivant :

« Le mouvement unitaire de l'Allemagne est irrésistible.
« Deux puissances seulement peuvent réaliser cette idée : Ou
« le peuple lui-même, en faisant une révolution, ou bien la
« Prusse militaire, unie et liée à la réaction et possédant les
« moyens d'enrégimenter jusqu'à des adversaires sous son
« drapeau. Si la Prusse recule ou attend, elle sera distancée,
« remplacée. La révolution se montrera avec une énergie
« inconnue encore en Allemagne et les éléments révolution-
« naires en France n'en seront que plus tôt poussés à l'ex-
« plosion. L'ennemi commun fait de nous des amis. Coupons
« à la Révolution l'herbe sous les pieds. Pour arriver à cela,
« laissez seulement faire la Prusse et son armée, et la Ré-
« volution se trouvera anéantie à jamais. »

Louis Napoléon ne pouvait être que ravi de ce langage et de
cet auxiliaire. La réalisation du plan de la Prusse devait lui
paraître d'autant plus facile, qu'il avait vu cette puissance à
l'œuvre. La grande révolution de 1789, les mouvements po-
pulaires de 1830 et 1848 avaient trouvé en elle un rempart
inébranlable. Agrandir la Prusse, c'était renforcer le despo-
tisme, c'était anéantir les chances du réveil des peuples !
Comment résister à une perspective aussi séduisante ?

On a prétendu que Napoléon aurait stipulé, lors des entre-
vues de Biarritz et de Plombières, comme prix de sa conni-
vence et de son concours éventuels, un agrandissement de
territoire du côté de l'Allemagne, et que Bismark, après la
guerre de 1866, lui aurait joué le mauvais tour de manquer
à sa promesse. Cette prétention est tout simplement risible.
En pareil cas, une promesse n'a pas la moindre valeur, si
elle n'est pas convertie en un traité formel. A défaut d'un
pareil traité, il eut fallu pour qu'une promesse seule fut un

engagement sérieux, que les deux contractants eussent un intérêt identique. Comment supposer que la Prusse, qui exploitait elle même la susceptibilité des Allemands sur la question territoriale eut voulu faire une semblable proposition? D'un autre côté, Napoléon avait pu déjà se convaincre du peu de prestige qu'avaient apporté à son régime l'annexion de Nice et de la Savoie.

Il se laissa guider par des mobiles plus puissants : Ce furent *la conviction d'avoir aidé à créer la plus grande puissance antirévolutionnaire, qui ait jamais existé, d'avoir rendu impossible la propagande des idées de justice et de liberté en Allemagne, et la certitude de pouvoir compter, pour les employer le cas échéant contre la France, sur les immenses forces de répression que possédera la Prusse agrandie.*

Voilà le fond et le but de la convention de Biarritz et de Plombières !

Toutes les précautions furent prises pour éviter les entraves à la réalisation de ce plan.

Ordre fut donné à la presse officielle et officieuse française de célébrer à l'envi la future grandeur de la Prusse et le génie de Bismark, de proclamer aux quatre vents, que l'unité allemande, *réalisée par la Prusse*, était un triomphe pour la politique française.

Bismark se chargea des journaux de l'opposition. Ses agents Hillebrand dans les *Débats*, Vilbort dans le *Siècle*, un troisième dans l'*Opinion nationale*, avaient pour mission spéciale d'exalter l'esprit de progrès et de liberté qui, selon eux, régnait en Prusse. Au milieu de ce concert honteux de la presse réactionnaire officielle et de la presse soi-disant libérale fourvoyée, seules quelques courageuses voix se firent entendre pour signaler le danger, celles du *Temps*, de la *Presse*, du *Courrier français* et du *Phare de la Loire*.

Les coryphées de l'idée bismarkienne poussèrent le sophisme et l'aveuglement jusqu'à prôner l'œuvre de la Prusse comme une garantie de l'équilibre européen et de la paix générale.

Malheureusement l'opinion publique en France adopta les erreurs répandues par une presse réactionnaire ou avilie.

Bismark avait d'ailleurs fort peu à redouter d'un revirement éventuel dans les esprits, car l'infériorité de l'armée française, comme effectif et comme armement, ainsi que l'état pitoyable de ses arsenaux, épuisés par la guerre du Mexique et par le détournement des fonds au profit de la cour des Tuileries, étaient pour lui autant de garanties que la Prusse ne pouvait pas être inquiétée sur le Rhin pendant qu'elle se battait en Bohême.

Aussi fut-ce après une campagne de quelques jours que l'Autriche fut chassée de la Confédération, que les pays jusqu'au Mein furent annexés à la Prusse, et que le reste de l'Allemagne fut baillonné par les traités militaires.

LA PRUSSE ÉTAIT ARRIVÉE A SA PREMIÈRE ÉTAPE !

III

Rien n'est plus instructif que d'observer la vie politique en France après les événements de 1866. L'inanité des louanges qui avaient été décernées à l'œuvre de la Prusse, avait été peu à peu démontrée. A la place de la confiance, qu'elle devait inspirer, une grande méfiance s'empara du gros du public, au point que le gouvernement fut forcé de prendre des mesures pour calmer les inquiétudes. L'introduction des chassepots, la construction des mitrailleuses servirent à prouver à l'opiniou publique alarmée, que les préparatifs militaires de la France n'étaient point négligés. La frayeur n'était, jusque là, que dans un état embryonnaire. Les philosophes de l'école de Pangloss étaient encore trop bruyants et trop nombreux, et ils continuèrent à prêcher que tout était pour le mieux dans le meilleur des mondes, et que la Prusse était le plus agréable des voisins.

Le public français ne se donnait pas la peine de lire les milliers de journaux allemands, qui, depuis nombre d'années,

déversaient quotidiennement les aménités les plus teutoniques
sur la nation française, la « grrrande nation, la nation des
coiffeurs, » etc. Au-delà du Rhin, la France fut représentée
comme l'ennemi héréditaire, qui s'opposerait éternellement
à l'unité et à la prospérité de l'Allemagne. La Prusse, qui
dirigeait ce mouvement, atteignit ainsi le double but, de faire
accepter son ouvrage comme enviable, en le disant envié, et
de préparer les esprits à cette guerre qui, pour elle, devait
couronner l'œuvre. Frédéric-Guillaume IV avait déjà dit que
la couronne impériale de l'Allemagne ne pourrait être gagnée
que sur un champ de bataille. Il paraît que le champ de bataille du Danemark et celui de la Bohême furent insuffisants.
C'était un champ de bataille sur territoire français qu'il fallait
à l'ambition de la maison de Hohenzollern !

Les inquiétudes dans l'esprit des masses en France avaient
une autre cause, et celle-là plus puissante, plus palpable, plus
immédiate. On commençait à regarder l'empire de Napoléon
III comme un état provisoire, et on avait assez généralement
la conviction, que sa mort deviendrait le signal d'une grande
conflagration. Dans les idées françaises cette conflagration
devait se manifester plutôt par une liquidation sociale, une
guerre du pauvre contre le riche que par une guerre interna-
tionale. En outre, l'influence de l'empereur, la confiance dans
sa force s'étaient lentement évanouies. La guerre du Mexique
et le coup de tonnerre de Sadowa furent les deux éléments,
qui contribuèrent le plus à lui faire perdre les dernières tra-
ces de prestige.

Un immense sentiment d'abaissement et d'appréhension s'é-
tait emparé du peuple et de la population parisienne en par-
ticulier. Le temps était passé où la victoire de *Fille de l'air*
ou de *Gladiateur*, où l'apparition d'un nouvel opéra d'Offen-
bach, où les prouesses d'un Léotard suffisaient pour occuper
l'attention générale.

Sous toutes les formes l'opposition profitait des défaillances
et de l'impopularité du régime impérial, pour prêcher n'im-
porte quelle idée révolutionnaire. Malheureusement les maxi-
mes et la tactique des bonnes époques furent délaissées. Les
erreurs et les sophismes se trouvaient être l'apanage de tout

le monde. Les fautes des régimes passés et vingt ans d'empire avaient suffi pour empêcher l'avènement d'individualités importantes et à mettre la gangrène jusque dans l'opposition. Partout où le peuple inquiet dirigeait ses regards, il ne rencontrait que la médiocrité dans les personnes et la confusion dans les idées. A tout cela s'ajoutait l'envahissement de la misère causée par la stagnation dans les affaires, suite inévitable de la défiance générale.

Au milieu de tous ces éléments, qui prédisaient un avenir plein d'orages, Napoléon ne perdait pas de vue, un seul moment, la politique nécessaire à la conservation de sa position lucrative. Il ne pouvait plus entrer dans les idées du Sybarite de St-Cloud, de se servir des mêmes moyens, qui l'avaient amenés au pouvoir. Les anciens amis du premier jour s'étaient tous enrichis au métier de *sauveurs de la société* et n'avaient qu'une pensée, celle de manger tranquillement leurs fortunes si noblement acquises. Il ne lui était plus loisible de recruter des serviteurs dévoués parmi cette population interlope, qui honore de sa présence les environs de Leicester Square, comme il le fit jadis lors de ses expéditions de Strasbourg, de Boulogne et du Boulevard Montmartre. Il ne pouvait pas non plus se fier complétement sur l'armée pour une répétition d'un coup d'Etat de Décembre. L'hostilité de cette dernière s'était affirmée en mainte occasion.

Les moyens que Napoléon employa pour jouir de son pouvoir aussi longtemps et aussi tranquillement que possible furent de caractères différents. L'un de ces moyens fut même très-ingénieux et imité de la fable du *Renard* :

Depuis plusieurs années la cour faisait répandre, de temps en temps, la nouvelle d'une grave maladie de l'empereur. Ces faux bruits, habilement répandus, avaient pour but de faire patienter dans le peuple les instincts révolutionnaires, qui se contentèrent de laisser aux Parques inexorables le soin de consommer fatalement l'œuvre que des barricades auraient livré aux hasards de la lutte.

L'empereur cherchait parfois, il faut le reconnaître, à se consolider par des moyens plus avouables. Contraint, dès le lendemain de son coup d'Etat, de compter avec l'opinion publique, il avait fait maintes concessions aux idées libérales et poursuivi avec plus ou moins d'à propos, quelques réformes économiques. En suivant cette route, il croyait trouver de nouveaux éléments de repos. Il abandonna ses ministres de l'époque absolutiste pour les remplacer par des hommes nouveaux, pris dans les rangs de l'opposition.

Un troisième moyen, plus important encore, fut mis en œuvre : le Plébiscite !

Le plébiscite avait évidemment pour but, au point de vue de l'empereur, de donner, à l'aide de l'immense majorité qu'il en espérait, une cohésion nouvelle à cette même majorité. Il devait, en outre, faire renaître la confiance si fortement ébranlée, en donnant de nouvelles garanties à la stabilité de l'état politique de la France.

Quand il s'agit de la réponse à recevoir par un plébiscite, tout dépend de la façon dont la question est posée. En France, la question fut habilement posée, d'un côté, entre l'empire, avec ses fautes et ses avantages, et de l'autre côté le néant gros de menaces de guerre avec l'avénement des « partageux » en perspective. L'immensité du nombre des OUI n'était donc pas douteuse. Malgré cela, la minorité fut d'une importance significative et, chose à laquelle l'empereur ne s'attendait probablement point et qui lui enleva tout l'avantage de sa campagne plébiscitaire, l'opposition ne fut nulle part aussi considérable que dans l'armée !

C'en était trop ! L'empereur voyait s'écrouler son ouvrage de vingt ans. Il sentit que les jours, où il pouvait tranquillement dormir aux Tuileries et à St-Cloud, étaient comptés.

Il se dit alors : En avant les grands moyens : la guerre, et l'aide de l'étranger !

IV

Quand les papiers secrets des chancelleries seront connus plus qu'ils ne le sont jusqu'à ce jour, quand les diplomates, qui ont été mêlés aux événements antérieurs à la guerre, auront donné de plus amples explications, il sera possible de dissiper complétement les ténèbres, qui enveloppent encore les origines de ce conflit. A cette heure, du reste, il existe déjà des indices suffisants pour prouver qu'une intrigue honteuse a été tramée pour amener la guerre et pour enlever à la Prusse le rôle fâcheux de l'agresseur.

Tout le monde se souvient du prétexte de la guerre.

Le bruit se répand qu'un prince de Hohenzollern a accepté l'offre de la couronne d'Espagne faite par le général Prim.

La France officielle s'en émeut. Elle demande au roi de Prusse, chef de la Confédération du Nord, qu'il s'oppose à ce projet.

Le roi Guillaume cède à moitié et promet, comme chef de la maison de Hohenzollern, de refuser son consentement à la réalisation d'une pareille idée de la part de son neveu. Le gouvernement de l'empereur ne veut pas se contenter de cette réponse, et demande que le roi de Prusse le lui interdise aussi, en sa qualité de chef de la Confédération. Refus énergique cette fois, suivi de la déclaration de la guerre de la part de la France.

Il est permis de faire remarquer que, si la guerre n'avait pas été dans les desseins de la Prusse, elle aurait fait cette seconde concession aussi bien que la première.

L'Angleterre nous montre aujourd'hui combien facilement une nation, qui ne veut pas faire la guerre, se tire des difficultés diplomatiques.

Elle laisse tranquillement et sans sourciller, déchirer le traité de 1856 par la Russie, parce que celle-ci est forte! Elle laisse aussi couler ses vaisseaux par la Prusse sans protester, se contentant de cette courte et insolente déclaration de la Prusse, que cette opération lui a été nécessaire. Cette fois encore, parce que la Prusse est forte! Ce ne sont certes pas des puissances comme le Portugal ou la Suède, qui auraient pu agir aussi cavalièrement avec l'Angleterre.

Il reste une preuve évidente qui démontre pleinement ce qu'il y avait de peu sérieux dans cette royale équipée des Hohenzollern en Espagne. Cette preuve, la voici :

La guerre entre la Prusse et la France une fois déclarée,

le roi de Prusse bien que dégagé de son refus, ne maintint nullement cette candidature qui tomba aussitôt dans l'oubli.

Lors de l'affaire du trône de Roumanie, la Prusse avait montré qu'elle ne lâche pas une proie quand elle lui paraît appétissante.

Eh bien ! la Prusse devenue si redoutable et si redoutée, aurait incontestablement repris l'affaire au point où elle l'avait laissée lors de l'entretien du roi et de Benedetti, si l'affaire avait été bonne.

La petite comédie ne devait pas avoir une seconde re-présentation. Elle n'avait servi qu'une fois comme lever de rideau.

Cette guerre louche était donc déclarée ! Le sentiment avec lequel le gros du public français l'accueillit ne peut précisé-ment pas être appelé de l'enthousiasme ; toutefois on pouvait, dans de nombreuses couches de la population, s'apercevoir de la satisfaction, causé par l'espoir, d'être délivré du cau-chemar prussien, et de voir le gouvernement, retrempé dans des victoires, capable de donner des garanties à la stabilité et à la paix publique.

Comme mobile qui devait guider l'empereur, on supposait tout naturellement, qu'il tenait à regagner, sur les champs de bataille, le prestige indispensable à son autorité et que vingt années de fautes lui avaient enlevé.

Bien de causes s'opposèrent à la réalisation de ce pro-gramme, parmi lesquelles nous n'en citerons qu'une seule, qui nous dispensera d'énumérer les autres : c'est qu'il était impossible que 360,000 hommes, avec un armement inférieur avec un état-major, qu'on a vu à l'œuvre et laissant derrière eux une nation dans laquelle l'esprit militaire était complè-tement endormi, pussent lutter avantageusement contre l'ar-mée colossale de la Prusse, parfaitement organisée en pos-session des engins guerriers perfectionnés et conduite par des officiers très-habiles, très-instruits et ne reculant devant aucune mesure de terreur.

En matière militaire, le plus simple bon sens jugera tou-jours de pair. l'incurie et la trahison. Dans la guerre actuelle, l'empereur n'a même pas l'avantage, que l'on puisse faire en sa faveur ce petit travail d'assimilation. Avoir dégarni les lignes de Wissembourg, avoir retiré toute garnison de la forteresse de Strasbourg, dans laquelle on avait entassé à dessein la moitié de tous les fusils Chassepot, possédés par la France, sont des faits d'une éloquence irrésistible.

Pendant que nous écrivons ces lignes, il nous arrive deux nouvelles, qui confirment l'opinion, par nous émise, que l'empereur a éliminé, de propos délibéré, tout élément de succès.

Le comte de St Vallier, dernier ambassadeur de France à Stuttgart, *déclare avoir les preuves en main, et promet de les publier prochainement que le gouvernement de l'empereur a repoussé les facilités offertes de détacher, au début de la guerre, la Bavière et le Wurtemberg de l'alliance prussienne.*

L'autre fait est la publication des rapports, adressés en 1868 au ministère de la guerre par l'attaché militaire à Berlin, M. le colonel Stoffel. Ces rapports démontrent jusqu'à l'évidence, que si le gouvernement impérial n'a pas été mieux préparé, *c'est qu'il ne l'a pas voulu.*

Avec une guerre, entreprise sous de pareils auspices, il devenait bien clair, que l'empereur ne rentrerait jamais comme vainqueur dans sa bonne ville de Paris.

D'ailleurs, s'il tient réellement à ce retour, comme il l'a déclaré dernièrement encore à Wilhelmshœhe, lors des félicitations du jour de l'an de la part des autorités de Cassel, ce n'est que le soi-disant ennemi qui seul peut l'y ramener aujourd'hui.

Dans la lutte gigantesque que la France soutient encore contre les forces colossales de la Prusse, sans vieilles troupes, avec ses ressources épuisées et trente-deux de ses départements envahis, il n'y a que deux issues possibles :

Ou la France sortira victorieuse et chassera l'envahisseur, ou bien écrasée par ses malheurs, elle tombera agonisante aux pieds de son implacable ennemi.

Dans la première éventualité, le gouvernement républicain, en ayant soutenu cette lutte à outrance, aura acquis une autorité inébranlable, et il ne sera naturellement plus question d'une restauration bonapartiste ! Bien plus, l'infime minorité, qui en Allemagne lutte en faveur de l'honneur et de la justice, pourra devenir assez puissante pour débarrasser le monde du pouvoir néfaste des Hohenzollern.

Dans la seconde éventualité, celle de l'écrasement de la France, il est évident que le gouvernement républicain, qui, en connaissant bien sa mission, s'appelait Gouvernement de la défense nationale, aura perdu l'élément le plus important de son existence.

Il ne peut pas non plus être question d'un régime orléaniste ou bourbonien. Les princes de ces maisons, qui n'ont rien fait ni rien pu faire pour chasser l'ennemi, n'offrent aucun attrait, pour que le peuple les appelle. Du reste, il n'est pas à supposer non plus qu'ils consentiraient à devenir des préfets prussiens. *Seul l'homme du Boulevard Montmartre et de Sédan peut consentir à jouer un pareil rôle.* Il est le seul qui puisse accepter toutes les humiliantes exigences de la Prusse en échange d'un lambeau de pouvoir.

Il n'y a donc que deux issues après cette guerre :

Ou la République avec la victoire.

Ou Napoléon avec la défaite.

Si, pour le malheur du genre humain, la France ne sortait pas victorieuse de la lutte, on verrait alors se réaliser le dernier paragraphe des stipulations de Biarritz et de Plombières.

LA PRUSSE AURAIT REMPLI SA MISSION.

Depuis que les pages précédentes ont été écrites, les évènements ont marché ; la France fut vaincue, pillée, mutilée.

Les réflexions que nous avions émises à propos d'un des épisodes de l'action impériale sur les destinées de la France ne devaient pas nous faire oublier les autres causes des désastres.

Les erreurs et les sophismes prêchés et répandus y avaient leur large part.

On avait tué en France l'esprit militaire et vilipendé le métier de soldat. On y avait étouffé, par une philanthropie mensongère, le sentiment du patriotisme, ce sublime initiateur des dévouements et, par dessus tout, les endormeurs étaient parvenus à cacher l'immense danger d'une invasion, dont la nation fut menacée.

Comme nous le voyons, les éléments qui venaient en aide à l'étranger ne manquaient pas ; aussi les modernes Attila ont-ils parfaitement réussi.

Ils ont rendu la France incapable de faire rayonner les grands principes de sa Révolution autour d'elle. Le privilége et l'iniquité dans le monde entier peuvent se rassurer.

En Allemagne, ils ont étouffé, parmi l'immense majorité du peuple, tout sentiment de justice, de générosité, de pitié, ainsi que les principes les plus élémentaires de l'honnêteté, en remuant tous les vils instincts de vanité et de convoitise qui grouillent dans les bas-fonds de la nature humaine.

L'empereur de Prusse a bien fait de donner à Bismark le titre de Prince, car c'est bien au *Prince du monde* que les Allemands ont vendu leur âme, c'est à dire ce qu'il y a seul de noble dans l'homme : l'honneur ; et le *Prince du monde* leur a abandonné en échange la licence de se vautrer sur les monceaux d'or rapinés en France, de se gonfler dans la vaniteuse prétention d'avoir une supériorité sur les autres peuples, et de se griser avec une gloire militaire bien discutable.

Voilà, pour le présent, les résultats de la grandeur prussienne.

Que la France ne croie pas que l'acharnement de ses ennemis s'arrêtera là.

Après l'avoir mutilée, la Prusse ne perdra pas de vue qu'il s'agit de ne pas laisser sa victime devenir capable de reconquérir son intégrité et de se garantir contre de nouvelles mutilations.

Le moyen qu'ont les Français pour déjouer ces dessins, est d'avoir constamment devant les yeux le tableau accablant des fautes passées.

Arrière donc les dissensions intestines, arrière l'égoïsme, arrière l'insouciance et les fausses doctrines et vive l'esprit de solidarité, le patriotisme et le bon sens !

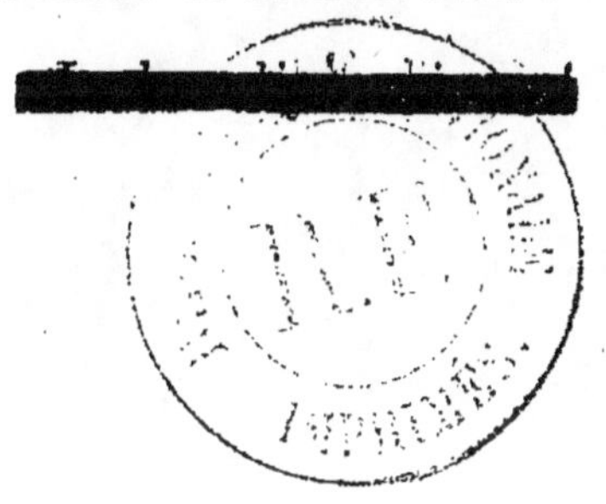